O PODER DA
SUPERAÇÃO

Coleção Vida Plena

- *A chave para a felicidade*
  Adriana Fregonese, Lilian Hsu, Cátia Monari
- *A coragem de ser responsável: descubra se você é reativo ou proativo, omisso ou comprometido*
  Carlos Afonso Schmitt
- *A força interior em ação*
  Abel Brito e Silva
- *Aprendendo a viver: caminhos para a realização plena*
  José Manuel Moran
- *Forças para viver: palavras de ânimo para quem sofre na alma e no corpo*
  Carlos Afonso Schmitt
- *Na esperança do reencontro: para quem está de luto e deseja superar as lágrimas*
  Carlos Afonso Schmitt
- *O gosto das pequenas vitórias: como vencer os medos que nos afligem diariamente*
  Carlos Afonso Schmitt
- *O poder da superação: como recuperar a saúde e viver de bem com a vida*
  Carlos Afonso Schmitt
- *O segredo da longevidade: sonhos e desafios para manter-se ativo e saudável em qualquer idade*
  Carlos Afonso Schmitt
- *Um hino à alegria: dos males da tristeza aos cânticos da vida*
  Carlos Afonso Schmitt
- *Um novo jeito de vencer a depressão: a cura possível através da terapia holística*
  Carlos Afonso Schmitt
- *Viver com paixão!*
  Valerio Albisetti

CARLOS AFONSO SCHMITT

O PODER DA SUPERAÇÃO

Como recuperar a saúde
e viver de bem com a vida

Dados Internacionais de Catalogação na Publicação (CIP)
(Câmara Brasileira do Livro, SP, Brasil)

Schmitt, Carlos Afonso
O poder da superação : como recuperar a saúde e viver de bem
com a vida / Carlos Afonso Schmitt. – São Paulo : Paulinas, 2011.
– (Coleção vida plena)

ISBN 978-85-356-2860-9

1. Cura   2. Doenças - Causas   3. Espiritualidade   4. Histórico
de vida   5. Manifestações psicológicas de doenças   6. Mente e corpo
7. Saúde   I. Título.   II. Série.

11-08772   CDD-158.1

Índice para catálogo sistemático:

1. Saúde : Desequilíbrios entre o espírito, a mente e o corpo :
Superação : Psicologia aplicada   158.1

1ª edição – 2011
3ª reimpressão – 2023

Direção-geral:
Bernadete Boff

Editora responsável:
Andréia Schweitzer

Copidesque:
Mônica Elaine G. S. da Costa

Coordenação de revisão:
Marina Mendonça

Revisão:
Ana Cecilia Mari

Assistente de arte:
Sandra Braga

Gerente de produção:
Felício Calegaro Neto

Projeto gráfico:
Telma Custódio

Capa e diagramação:
Manuel Rebelato Miramontes

Nenhuma parte desta obra poderá ser reproduzida ou transmitida
por qualquer forma e/ou quaisquer meios (eletrônico ou mecânico,
incluindo fotocópia e gravação) ou arquivada em qualquer sistema ou
banco de dados sem permissão escrita da Editora. Direitos reservados.

Paulinas

Rua Dona Inácia Uchoa, 62
04110-020 – São Paulo – SP (Brasil)
Tel.: (11) 2125-3500
http://www.paulinas.com.br – editora@paulinas.com.br
Telemarketing e SAC: 0800-7010081

© Pia Sociedade Filhas de São Paulo – São Paulo, 2011

*"As doenças da alma
são mais perigosas e numerosas
que as do corpo."*

(Cícero)

Sumário

Introdução 9

1. De repente, a temível notícia! 11

2. Quando os joelhos endurecem............................15

3. A prisão de ventre que irrita.............................17

4. A dor de cabeça que incomoda 19

5. Essa dor nas costas!...23

6. Que fraqueza nas pernas! 27

7. Câncer de próstata: um tabu para os homens....................29

8. O mundo está girando: será labirintite? 33

9. A insônia que perturba as noites 35

10. A pneumonia que persiste 37

11. Diarreias constantes: "estou me esvaindo!".......41

12. Tenho medo: meu coração dispara....................43

13. Os miomas do meu útero 47

14. Tenho um nó na garganta................................51

15. Ai! Que sufoco no peito!...53

16. Meu fígado reclama...55

17. Dores musculares: a tensão nervosa agredindo o corpo 59

18. Herpes vaginal: um terrível desconforto...........................61

19. Acho que estou depressivo...65

20. E cirurgia plástica, resolve? 69

Introdução

O poder da superação é um convite para você viver em alto-astral, de modo saudável, harmonizando progressivamente os desequilíbrios entre o espírito, a mente e o corpo, caso não o esteja fazendo. Se "viver é descobrir e aprender", as lições acumuladas ao longo dos anos servirão para nos deixar bem preparados, cada vez mais competentes na *arte de viver bem.*

Pensamentos felizes, sentimentos agradáveis, emoções gratificantes produzem a química cerebral que o manterá saudável e disposto, mesmo que a doença tenha se instalado temporariamente em sua vida. *Tudo pode mudar, contanto que você faça a sua parte.*

Sabe que, consciente ou inconscientemente, o *responsável* pelos males que vem sofrendo é *você mesmo?* Difícil é admiti-lo. Não gostamos de que nos acusem, muito menos que nós mesmos nos acusemos. Não se trata, porém, de "acusar". Trata-se de "reconhecer".

♦ Reconhecer as *causas* que o levaram a perder a harmonia e o equilíbrio interior.

♦ Reconhecer as *atitudes* equivocadas que adotou, conduzindo-o às doenças as quais o afligiram ou ainda afligem.

Há muito caminho a percorrer. A vida é uma surpresa permanente, basta ter os olhos do coração abertos.

A SAÚDE É NOSSO GRANDE TESOURO!

Se alguns só a valorizam após perdê-la, você tem a oportunidade de valorizá-la antes, agora. É o melhor que pode fazer.

Vai descobrir então – para sua alegria – que é muito bom viver de maneira saudável.

Graças a Deus, amigo leitor, após superar um câncer, eu pessoalmente estou de novo de *bem com a vida*.

E você, como está?

Ao longo destas páginas, encontrará histórias de vida, aprendizados bem-sucedidos. São fatos reais, acompanhados por mim em meu trabalho de terapeuta holístico. Uma delas, quem sabe, pode ser a *sua* história.

Vejamos...

1. De repente, a temível notícia!

Normalmente ninguém está preparado para receber um diagnóstico de câncer. Para muitos, falar no assunto ainda é um tabu: assusta ou desespera.

O médico disfarça o nervosismo, como a desculpar-se pela informação. "É... infelizmente é câncer. O nódulo é maligno, mas tem cura. Com certeza você vai superar essa fase."

E ela superou. Foi uma longa e dura jornada, de muitos altos e baixos, tristezas e expectativas, fracassos e vitórias.

Vamos chamar essa nossa amiga de Lourdes.*

Entusiasta, dinâmica, líder em sua comunidade e no colégio onde lecionava.

Diretora de escola por vários anos, Lourdes pensava demais nos outros. Era um símbolo de doação ao próximo. Nada lhe era difícil e estava sempre disposta a novos desafios, principalmente, *resolver problemas dos outros.*

Até que um dia... o grande susto!

Num exame de rotina, um nódulo no seio acusou câncer de mama. O seio direito estava seriamente comprometido.

Iniciou-se, então, a "grande batalha". Cirurgias, quimioterapia (e a perda de seus longos cabelos), momentos de depressão profunda, assistência terapêutica, apoio total de familiares e amigos, correntes de oração... *E ela venceu!*

---

* Todos os nomes aqui citados são meramente ilustrativos. (N.A.)

Foram anos de fé, persistência, oração e vontade de viver. E viveu!

Cheia de novas expectativas e aprendizados, está de novo *de bem com a vida.*

Carregada de esperança, liberta de todas as mágoas em relação a um de seus filhos, livre de quaisquer sentimentos de menos-valia que antes a atribulavam, vive feliz. Lavou sua alma. Renovou seu corpo.

A doença foi sua grande mestra. Ensinou-a a cuidar de si mesma, a ter sempre um tempo disponível, melhorando constantemente sua autoestima. Vive de modo saudável, sabendo usufruir a vida.

*"Quem quiser ter saúde no corpo,
procure tê-la na alma."*

(Francisco de Quevedo)

2. Quando os joelhos endurecem

Somos, por natureza, além de espirituais, seres psicossomáticos. Mente e corpo estão estreitamente ligados, tão unidos que formam um ser único, indivisível e interdependente. Tudo que acontece no domínio da mente tende a expressar-se no corpo. Criando forma, materializa-se, traduzindo simbolicamente seu significado, para que entendamos sua linguagem educativa.

O inconsciente nos avisa, querendo dizer-nos que algo anda mal conosco. Como sua linguagem é metafórica – diferente de nosso modo normal de falar –, demoramos a entender seu recado. Às vezes só conseguimos fazê-lo com a ajuda de um médico ou terapeuta, quando a dor nos surpreende ou a doença nos prostra.

Acordamos, então, sobressaltados. Sofremos sem entender as razões. Revoltamo-nos conosco ou com Deus, incapazes de compreender o que a vida nos quer ensinar.

É hora de abrirmos os olhos do espírito, atentos à voz que nos fala ao coração e à dor que nos aflige.

Há lições a serem aprendidas e é preciso evoluir.

O universo nos convida a repensar nossas crenças, reavaliar nossas atitudes, refazer nosso modo de vida.

Renovar-se é o convite.

Mudar é o desafio.

João era excessivamente orgulhoso.

Tinha um ego inflado por convicções extremadas e uma terrível incapacidade de perdoar. Era totalmente inflexível em suas posições.

"Teimoso como ele só", diziam os familiares. Dobrar-se a mudanças, a novos tempos, a ventos mais arejados... Isso era extremamente complicado para João. Para não dizer impossível...

Tivera uma rígida educação religiosa e seus pais eram exigentes em tudo, fazendo com que se tornasse perfeccionista e escrupuloso. Exigente consigo e com os outros, queria que o mundo fosse como ele o imaginava: *sem falhas, perfeito.*

Como a razão deveria estar sempre ao seu lado, frustrava-se muito com as imperfeições alheias, tornando-se cada vez mais arraigado em suas convicções.

E agora, seu joelho direito estava dolorido. Inchado e rígido, incapaz de dobrar-se.

Nos longos meses de atendimento médico e frequentes sessões de terapia, João começou a dar-se conta das falhas de sua personalidade. Um superego extremamente inflexível criara nele um caráter de cimento armado: duro, sem concessões nem piedade.

Aos poucos compreendeu que *o corpo fala e manifesta a verdade da mente.*

À medida que a flexibilidade foi tomando conta de suas ideias – *o orgulho e a falta de perdão cedendo espaço à humildade e ao amor –*, seu joelho foi se curando. Celebrou um novo tempo, uma verdadeira libertação. Na saúde da mente vivenciou a saúde do corpo.

E porque *somos um* – espírito, mente e corpo –, foi mais longe e descobriu o segredo de viver de bem com a vida.

3. A prisão de ventre que irrita

Joana vivia de mau humor. Nervosa, irritadiça, tudo a incomodava. Queixava-se de viver estufada e tudo que comia a deixava mais indisposta ainda. Estava de mal com a vida. Parecia que o mundo conspirava contra ela.

Dias sem ir ao banheiro, tinha sempre à mão algum laxante para socorrê-la na difícil missão de evacuar. Tudo nela estava preso: mágoas, lembranças negativas do passado, frustrações amorosas, deslizes morais, crises financeiras... Fantasmas que a acompanhavam dia e noite, atazanando sua vida e piorando cada vez mais seu estado de espírito. E, consequentemente, sua saúde.

Como a ajuda médica não resolvera sua situação, Joana precisou de um terapeuta para falar de sua problemática existencial. Jamais desconfiara que as questões emocionais, às quais vivia atrelada, fossem, em grande parte, as responsáveis por sua prisão de ventre. Começou a entender que a função dos intestinos está intimamente ligada ao desempenho psicológico do seu "dono". Se ela continuasse presa ao passado negativo que tanto a fizera sofrer, sem soltar as amarras com que as mágoas a prendiam, sem a cura interior proporcionada pelo perdão, seu corpo adoeceria deixando-a literalmente "enfezada".

Estudos médicos comprovam hoje que os intestinos funcionam como um *segundo cérebro* e que eles são responsáveis pela maior parte de produção da serotonina que o cérebro necessita para criar a "química de bom humor", da qual tanto precisamos para nos sentirmos bem, de alto-astral.[*]

---

[*] Cf. PÓVOA, Helion. *O cérebro desconhecido*. São Paulo: Objetiva, 2002.

Joana estava disposta a libertar-se. Teria que iniciar uma profunda terapia de perdão, a começar por ela mesma. Sua autoestima andava muito baixa. Não gostava de si, do seu corpo, do seu rosto, dos seus cabelos... Em tudo botava defeito, não se aceitando como mulher, uma vez que "ser homem" lhe parecia mais fácil, sem todos os incômodos diários e mensais a que o corpo feminino estava sujeito.

Depois, tinha de *perdoar seu pai,* com quem nunca se acertara, desde pequena. Achava-o arrogante e que não lhe dava o carinho necessário que a fizesse ser uma filha mais feliz.

Também *perdoar seu marido,* a quem acusava de indiferente e insensível. Até o bom humor dele – sua principal característica – a irritava. Por que ela não poderia ser assim?...

E, por fim, *perdoar seu filho caçula,* o qual dera para infernizar sua vida com atitudes agressivas, sem piedade alguma pelo sofrimento que lhe infligia.

Tudo era uma cruz pesada demais!

Que *passado* terrível ela tivera!

E que *presente* sofrido!

Futuro? Nem queria pensar nele...

Após um ano de tratamentos médicos, terapia, leituras de mentalização positiva, orações, para amenizar suas mágoas, libertando-a do passado frustrante, Joana começou a perceber que, não apenas seu espírito, mas também seu corpo estava livre e solto.

Seus intestinos passaram a trabalhar com absoluta regularidade, liberando diariamente as toxinas que antes infestavam seu corpo de mal-estar e a deixavam mal-humorada, incapaz de usufruir da alegria que a vida poderia oferecer.

Joana começou a amar-se mais, a amar sua família, seu trabalho, aceitando o passado com todos os problemas que lhe trouxera.

Sentia-se agora liberta, de mente e corpo. Feliz!

4. A dor de cabeça que incomoda

Francisca vive quase diariamente com dor de cabeça. Queixa-se constantemente a todos que a rodeiam. Dopa-se de remédios e a dor continua. Faz questão de que todos saibam de seus males e, sempre que possível, exagera-os.

Procurou primeiramente um bom massoterapeuta, que trabalhou com afinco sua coluna, colocando no lugar os nervos acavalados. Ele também massageou cuidadosamente sua cabeça, equilibrando o fluxo das energias. Recorreu ainda ao *Do-in* e a várias sessões de Reiki,* tentando diminuir as dores de cabeça que a incomodavam.

Houve uma significativa melhora na disposição de Francisca. Sua cabeça aliviou consideravelmente. No entanto, a sensação de bem-estar durou pouco tempo.

Frustrada em suas buscas, procurou ajuda médica especializada. Aumentou a dose de remédios, mas a dor persistia.

Foi, então, que uma luz brilhou em sua mente.

Participou de um curso de conscientização a respeito de doenças psicossomáticas e teve momentos felizes de *insight*: conheceu um pouco mais a si mesma e descobriu que as constantes preocupações com a vida não a abandonavam um minuto sequer. Aliás, preocupações é que não faltavam...

"Tudo era motivo de dor de cabeça", como costumava dizer. Sua mente girava, gravitando dia e noite em torno dos mesmos

---

* *Do-in* e *Reiki* são terapias de origem oriental que buscam restabelecer o equilíbrio energético vital da pessoa e, assim, restaurar seu estado de equilíbrio (emocional, físico ou espiritual) e promover a saúde. (N.E.)

problemas que se aprofundavam cada vez mais. Não tinha um momento de paz, de serenidade de espírito. Sempre atormentada, cheia de ansiedade, vivia aflita e angustiada diante dos mínimos obstáculos da vida.

Francisca iniciou, então, uma longa e profunda caminhada em busca da paz interior. Em algum lugar *dentro dela,* deveria existir esse reino mágico. Reino de alvoradas tranquilas, de dias serenos, de pores do sol maravilhosos, de noites bem dormidas... Aprendeu a entregar suas constantes preocupações a Deus, confiando em seu poder misericordioso e em sua ajuda onipotente. Sua vida transformou-se profundamente, dia após dia. Libertou-se gradativamente dos remédios e sua cabeça trabalhava com grande normalidade: saudável como nunca estivera.

Aprendeu alguns "segredos" que muito a auxiliavam no cotidiano: tornou-se mais paciente, compreensiva; não se incomodava tão fácil como habitualmente o fazia; seus filhos passaram a ser vistos com outros olhos, deixando de ser os traquinas que só lhe davam "dor de cabeça"; seu marido voltou a ser seu amor, seu companheiro dos "bons tempos", quando se amavam a ponto de partilhar a vida em todos os momentos, tanto nos maus como nos bons.

A fase preocupante, ansiosa, agitada, em que via problemas em tudo, acabara.

Com a cabeça leve e renovada, Francisca estava, enfim, em paz consigo mesma, com a família, em paz com seu Deus.

*"Fale de tudo o que te aprouver:
mas não fales nas tuas doenças."*

(Ralph Waldo Emerson)

5. Essa dor nas costas!

Vivera sempre uma vida saudável. Era um pai dedicado, marido carinhoso, profissional brilhante. Paulo era tido como um exímio cumpridor de seus valores morais, obcecado em fazer tudo da melhor maneira possível. Não admitia que alguém pudesse falar mal dele por obrigações não correspondidas. Ele era quase perfeito...

Tudo estaria muito bem, não fosse uma incômoda dor nas costas com a qual vinha convivendo há tempos. Claro que ocultava ao máximo qualquer manifestação de lamúria ou dor, visto não ser da sua natureza alardear seus males. Engolia tudo, resignado, carregando silenciosamente seu desconforto, até o dia em que a cruz começou a pesar demais e ele procurou um especialista da coluna. Exames, ecografias, raios X, tratamento de meses e nada de melhoras significativas. Continuava a mesma sensação de peso e mal-estar nas costas, transformando-se às vezes em verdadeiras crises de dor.

Extremamente exigente consigo, Paulo sentia-se responsável por tudo e por todos. Vez por outra lhe escapava alguma queixa, pois era apenas um simples mortal querendo ser um super-homem.

Imediatamente, porém, se recriminava, autocensurando-se pela fraqueza que cometera.

Afinal, ele era um *homem forte*, afeito a corresponder a todos os compromissos assumidos, e que não eram poucos!

Aprendera a jamais dizer "não". Em sua agenda havia sempre um espaço para mais uma reunião, um trabalho junto a uma entidade filantrópica ou na diretoria de clube, uma festa beneficente... "Hoje não posso ajudar. Não tenho tempo", eram frases proibidas em seu repertório humanista. "Sempre se dá jeito. Pode deixar que eu resolvo esta questão." Era assim que Paulo falava. Era assim que ele agia.

Mas a dor nas costas continuava.

Até que um dia um terapeuta entrou em sua vida e Paulo começou a questionar muitas coisas. Jamais se dera a oportunidade para refletir sobre questões mentais, doenças psicossomáticas, interações espírito–mente–corpo, saúde integral, tempo para si...

Para ele, os outros, sempre os outros, em primeiro lugar. *Carregava literalmente o peso do mundo em suas costas* e nunca se permitira sequer admiti-lo. Era sua obrigação ser solidário. Cumpria apenas seu dever de cristão, exercendo seu papel de cidadão. Alguém deveria fazê-lo. E ele fazia.

Durante as sessões de terapia percebeu que teria de aprender a colocar limites. Dizer "não" para poder dizer "sim" a si e a sua família. Mesmo querido por sua esposa e seus filhos, era ausente, sempre envolvido com dezenas de atividades.

Sentir-se responsável demais, assumir a dor dos outros, resolver seus problemas, carregar dia e noite um fardo alheio nas costas, resultaria na dor incômoda que atrapalhava sua alegria de viver.

"É nas costas que carregamos peso", dizia-lhe o terapeuta. "Quantos pesos psicológicos e emocionais *dos outros* você carrega em suas costas, Paulo?"

Um dia, a luz brilhou. Para estranheza de todos, Paulo se permitia dizer "não", colocar limites, dar tempo para si.

Uma nova postura de vida estava nascendo. À medida que assumia atitudes mais assertivas, sua dor nas costas ia diminuindo. Precisou de ajuda médica, massagens terapêuticas, sessões de terapia, mudanças radicais de comportamento, para festejar um *novo tempo*.

Hoje, após longos aprendizados de superação, sente-se curado. Centrado em si, impõe e respeita limites. Seu astral mudou. Mais do que nunca, sente-se inteiro e dono de sua própria vida.

6. Que fraqueza nas pernas!

Vivia reclamando de dor e fraqueza nas pernas. Achava-se debilitada, mesmo que a idade não fosse a causa aparente desses males. Na verdade, Berenice perdera o encanto pela vida. Sol, flores, primavera, estrelas... tudo isso nada lhe dizia.

Desde criança, sua vida fora difícil. Adolescente, ainda, teve de fugir do assédio sexual do próprio pai, e frustrara-se muito cedo com namoros altamente liberais, desiludindo-se em relação a tudo que fosse amor. Nenhum homem lhe era suficientemente confiável. Achava-se pouco atraente, com a autoestima em baixa acentuada. Se dependesse de suas atitudes em relação aos homens, certamente ficaria "pra titia", como diziam as más línguas dos sobrinhos e parentes mais chegados. Tornara-se, com o tempo, uma solteirona amargurada, cheia de traumas e recalques.

Sem objetivos na vida, sem determinação, sem dinamismo que a fizesse conquistar suas acanhadas metas, Berenice vegetava. Faltava-lhe *qualidade de vida*. Aliás, nunca soubera o que isso significava.

Restringia-se em tudo, como se não merecesse a alegria de ser feliz. Muito menos, é claro, amar e ser amada.

Insegura, cheia de medos, "sem saber para onde ir", como ela mesma frisava seguidamente, *suas pernas fraquejavam*. E doíam, cansadas de suportar um "peso morto", sem rumo na vida.

Jamais desconfiara que a origem de sua fraqueza e dor pudesse provir muito mais de fatores psicológicos e existenciais do que de causas meramente somáticas. Afinal, em que *a mente* influenciaria suas pernas?... Aparentemente ela não via ligação entre causa e efeito dessa natureza.

Lendo, pesquisando, procurando uma explicação plausível para seus males, Berenice chegou a um terapeuta, por indicação de uma amiga que se condoía com a situação dela. Só então começou a entender a íntima ligação entre espírito–mente–corpo. Só então se abriu para a sabedoria escondida em sua alma. Pela primeira vez ouviu a voz do seu íntimo, do Eu Superior que nela habitava. Teve discernimentos maravilhosos a respeito de sua missão, do sentido da vida, *dos rumos que deveria dar aos seus passos* para que suas pernas recuperassem o vigor, a força perdida ao longo de tantos anos repletos de sonhos desfeitos e caminhos não trilhados, porque o medo a impedira de realizar-se.

Agora, sim, viver já lhe era mais fácil, mais leve, mais agradável. Viver se tornara uma experiência gratificante, que antes nunca experimentara.

Traçou *novos rumos* para seus anos, colocando *qualidade* em seus dias. Suas pernas responderam aliviadas, satisfeitas. Enfim, curadas.

7. Câncer de próstata: um tabu para os homens

Um falso machismo impedia Juvenal de procurar o médico urologista após seus 40 anos. Já se aproximava dos 50 e ainda relutava em fazer o exame de toque. "Vergonhoso demais para homem que se preza", dizia ele. Como admitir isso perante seus amigos? Como sujeitar-se a um procedimento desses?

Não fosse a insistência da mulher que praticamente o empurrou à consulta, Juvenal teria protelado ainda mais essa "agressão a sua masculinidade", como gostava de frisar. O médico pediu-lhe também um exame de PSA,* nome que Juvenal custou a entender. E se fosse tão bom como diziam, por que não apenas fazer esse "tal PSA", em vez do "vexatório" toque anal, tão constrangedor?

A notícia não foi das melhores.

Dosagem do PSA alterada – e muito! – e presença de um nódulo no exame de toque. E agora? O que adiantara conviver anos a fio com um tabu machista e agora amargar a incerteza de uma biópsia nada promissora?

O resultado foi contundente: câncer de próstata. Inicial, sim, mas câncer: nódulo maligno.

Há anos houvera sinais se manifestando, dando avisos de que algo não estava bem. Machista como era, Juvenal ignorara os sintomas. Sua vida sexual nunca fora "aquelas coisas", como

---

* O PSA (Antígeno Prostático Específico) é uma proteína secretada pela próstata. O aumento da sua taxa no sangue, excluídas as causas benignas, pode indicar a presença de câncer de próstata. (N.E.)

agora reconhecia nos raros momentos de franqueza e honestidade consigo mesmo. Sua falsa concepção a respeito de sexo envolvia uma disfunção erétil que, vez por outra, deixava-o desesperado, "louco da vida", como dizia. Sua conduta em relação à sexualidade nunca fora equilibrada. Nem sua esposa o compreendia, muito menos podia ajudá-lo. "Nisso não se fala, mulher!", retrucava ele, ao ser abordado por sua companheira.

E assim ficou, até que a cirurgia – muito a contragosto seu – foi marcada. O médico lhe sugeriu um acompanhamento psicológico, tamanha era sua resistência e desespero ante as temíveis consequências que poderiam advir.

Antes mesmo da cirurgia, o urologista conseguiu convencê-lo a procurar um psicólogo ligado à área da sexualidade, e Juvenal, pela primeira vez, falou de "homem para homem" sobre um assunto tão delicado e controverso para ele. E foi muito bom.

Preparou-se emocionalmente para a cirurgia e tudo transcorreu bem. A equipe médica operou-o com sucesso e a melhora começou a se manifestar em pouco tempo. A temível incontinência urinária foi totalmente solucionada com a ajuda de técnicas de fisioterapia perínea. Para garantir o processo todo, fez um tratamento complementar de radioterapia e o PSA reduziu-se aos mínimos sinais de presença no organismo, atestando sua cura completa.

Após três anos de acompanhamento esporádico do seu oncologista, Juvenal superou por completo o câncer que se instalara em sua próstata.

Agora sua visão da vida mudara.

Sua sexualidade era vista com outros olhos e, graças a Deus, com a ajuda da medicina e da psicologia, mantinha uma vida sexual normal. Aliás, melhor que antes...

Estava exorcizado o grande fantasma que antes tanto o atormentava: ficar impotente. Curado, renasceu para ser um "novo

Juvenal", aquele que a esposa, os filhos e os amigos aprenderam a amar, como dantes nunca o haviam amado.

Muitos homens nele se espelharam, cuidando melhor de sua saúde. Quebraram um velho tabu que atormenta a classe machista: *procurar, em tempo, um bom médico* para evitar futuras complicações.

A saúde agradece...

"Você mede a saúde pela alegria que lhe causam a manhã e a primavera."

(H. D. Thoreau)

8. O mundo está girando: será labirintite?

Cristina estava muito confusa em relação à vida. Sem exagerar, confusa em relação a tudo. Dúvidas, inseguranças, medos... mil e uma indefinições povoavam seus pensamentos. Não sabia o que queria e mudava de opinião a todo momento. Era um tormento viver assim. Sentia-se tonta, sem um mínimo de segurança em suas raras decisões. Estressada, tensa, ansiosa, sistema nervoso alterado, assim passava seus dias.

"Parece que o mundo está girando", dizia ela. E um dia, literalmente, o mundo girou.

O que estaria acontecendo com ela?

Vertigens, tonturas, insegurança no andar: "Tem buracos a minha frente, e não sei onde piso"... E sem saber o nome que este sintoma representava, Cristina recebeu a notícia de que sofria de labirintite.

Instalara-se também nela um desequilíbrio físico.

O líquido do ouvido que regula este setor do corpo entrara em desarmonia. Como lhe dissera o terapeuta: "O corpo imita o dono. Desequilíbrio emocional gera desequilíbrio somático. Estresse mental gera estresse corporal. *Tudo está interligado.* Tudo o que acontece na mente, com o tempo, acaba afetando o corpo. Em caso de emoções abruptas, a resposta do corpo é imediata. Somos 'três em um'. Os *conflitos da alma* também são registrados. Nada escapa ao comando central que regula nossa saúde. *Tudo tem um significado.* Quando não há um rumo a seguir, a cabeça gira, perplexa, expressando fisicamente a insegurança que a mente está vivendo".

Cristina ouvia atenta as explicações do terapeuta, de linha cognitivo-comportamental. Agora teria que agir: tomar atitudes firmes e decididas, criar um "prumo" para sua vida, *centrar-se*. Saber o *porquê das coisas* era extremamente importante, porém, insuficiente. Sem *mudança comportamental*, muito pouco valeriam os entendimentos adquiridos com leituras e sessões de terapia. Aos poucos começou a entender e praticar as novas posturas que a vida exigia dela.

Criar objetivos, estabelecer metas a curto e médio prazo, *determinar* diretrizes que norteariam seus passos na consecução dos resultados estabelecidos, tudo era novo para ela. *Visualizar* os resultados como já alcançados e *agradecer* a Deus pela abundância das graças disponíveis. *Viver* cada dia com grande intensidade, colocando amor e esperança em cada gesto, palavra e ação.

Cristina teve acompanhamento médico e psicoterapêutico durante vários meses. Conseguiu, assim, tratar a labirintite e, ao mesmo tempo, reestruturar sua vida emocional, incrementar sua área de atuação profissional, sentindo-se equilibrada e capaz de cumprir as metas a que se propôs. Agora, sim, estava valendo a pena viver.

9. A insônia que perturba as noites

Quem nunca sofreu de insônia, agradeça a Deus. Uma das experiências mais estressantes é ficar a noite inteira virando-se na cama, sem conciliar o sono. E quanto mais você quer forçar o adormecer, mais espanta a capacidade de dormir.

Pedro era um desses sofredores. Insônia frequente lhe atrapalhava as noites, deixando-o no outro dia nervoso e irritadiço.

Sua esposa era "boa de cama", como brincava ele. Conseguia desligar-se das preocupações diárias e dormia com muita facilidade. E ele vivia um verdadeiro tormento noturno. Via as horas passando lentamente – cochilava um pouco de tanto cansaço – e, quando clareava o dia, compromissos profissionais tiravam-no da cama, sem ter dormido quase nada.

Um sonífero a cada noite, e o problema estava resolvido. Por um longo período foi isso que Pedro fez para conseguir dormir. Era, porém, um sono forçado, antinatural, e ele sentia-se indisposto ao levantar-se. Ainda assim, era melhor que viver atormentado por pensamentos negativos, que iam e vinham, e teimavam em perturbar a tranquilidade noturna.

Com o passar do tempo, Pedro criou gosto pela leitura. Sentia que faltava algo. Decididamente queria livrar-se da dependência dos remédios. Participou de cursos, pesquisou os segredos do cérebro, o funcionamento e o sentido das diversas ondas nas quais ele opera. Aprendeu técnicas de relaxamento progressivo, começou a praticar ioga. Enfim, revolucionou de forma radical seu antigo jeito de ser.

Pedro estava ciente, agora, de que suas preocupações constantes e desnecessárias eram gatilhos disparadores de insônia.

Compreendia que o *estresse negativo do dia a dia,* levado para a cama, impedia-o de dormir.

Lembrava-se perfeitamente das explicações do orientador do curso: "É preciso criar um estado de espírito de paz, de serenidade. Suas ondas cerebrais precisam atingir o nível alfa. Respire, calma e tranquilamente, repetidas vezes. Relaxe progressivamente o corpo todo. Medite e reze, se assim a sua fé inspirar. E, então, durma". Eram tão relaxantes as colocações do professor, que a vontade de dormir o induzia ao sono, mesmo durante as aulas. Para sua surpresa, várias vezes chegou a cochilar durante os exercícios de relaxamento para desestressar a mente e o corpo.

"Fantástica descoberta!", dizia Pedro. Conseguira, finalmente, afastar seus pensamentos negativos recorrentes, que tanto o afligiam nas altas horas da noite. Dormir restaurava suas forças, deixando-o disposto e cheio de energia para o trabalho.

Desprendeu-se, pouco a pouco, de qualquer tipo de sonífero ou relaxante do sistema nervoso. Ele mesmo se preparava, com todo o cuidado, para que o sono gostosamente o surpreendesse.

Abstinha-se de bebidas alcoólicas, café em excesso, jantava com moderação, evitava filmes de ação ou terror, escutava música suave, criando assim um verdadeiro ritual para dormir bem.

Pedro passou a viver feliz, de bom astral e saudável. Administrando melhor suas preocupações e inquietudes, dormia um sono abençoado, profundo e reconfortante.

10. A pneumonia que persiste

Roberto era um homem sério. Mais que isso, havia um quê de tristeza escondida no fundo de seus olhos. Sutilmente ela se estampava em seu rosto, dando-lhe um ar tristonho. Quem o observasse atentamente poderia ler com muita exatidão: "Eu sou um homem triste".

Claro que vivera momentos alegres ao longo da vida, que costumavam coincidir com as épocas em que ele estava bem de saúde.

Mas o fato é que, de modo geral, Roberto vivia infeliz. Nem ele sabia por quê. Um toque de melancolia pairava em seu semblante e o sorriso raramente aparecia. Gargalhadas?... Nem pensar! Ele não lembrava quando dera as últimas...

"Ele sempre foi assim, desde criança", confirmava sua mãe. "Nasceu com *falta de ar*, como se respirar fosse uma tarefa difícil, mesmo que tão indispensável."

Num curso de leitura corporal, do qual Roberto participou meio a contragosto, teve uma reveladora e maravilhosa descoberta: "Tristeza bate nos pulmões. Se, em minha vida, eu não respiro psicologicamente com liberdade, *sentindo-me sufocado e permanentemente triste, meus pulmões adoecem*. Também eles não respiram o ar de que tanto necessitam para me dar saúde".

Cada palavra do orientador era bebida como goles de água para matar uma antiga sede. Roberto vivia um momento de luz em sua vida atribulada. Teria que descobrir agora a origem de sua ancestral tristeza. Decididamente abraçou essa ideia.

Os ventos de Deus sopravam a seu favor. As energias positivas do universo conduziram-no a um terapeuta que, meses depois, teve a confirmação de suas suposições a respeito da origem dos sintomas. A tristeza de Roberto vinha de muito longe: *eram mágoas nascidas durante a vida intrauterina.*

Conversando com sua mãe, por aconselhamento do terapeuta, descobriu que ela havia pensado em abortá-lo. Como as emoções da gestante são transmitidas ao feto, naquele momento ele deve ter se sentido rejeitado, mas resistira valentemente, teimando em viver, embora se sentisse triste e infeliz.

Na dessensibilização de suas emoções negativas e na terapia de perdão que o terapeuta lhe sugeriu, Roberto compreendeu que sua mãe, na época uma menina de 15 anos solteira, ainda estava psicologicamente despreparada para ter um filho. *E perdoou-a.* Reconheceu a heroicidade dessa mãe adolescente que, no final, decidiu por levar adiante a gravidez, apesar de todas as limitações e angústias naturais.

Foi o suficiente: como num passe de mágica, a tristeza começou a diluir-se, *dando espaço à alegria de estar vivo*, de ter tido a oportunidade de participar do jogo da vida. Era isso que Roberto, agora, sentia. Era isso que dizia a seus amigos.

Até mesmo em casamento era possível pensar agora. Um homem triste como ele era nunca conseguiria atrair uma mulher alegre e companheira como ele sonhava! Pela lei da atração, Roberto sabia que o universo agora lhe reservava alguém que também, como ele, amasse a vida.

Seus pulmões nunca mais reclamaram. Havia, para eles, ar em abundância, como havia para Roberto e seu novo amor muita alegria de viver. Alegria como antes jamais conhecera.

*"A boa saúde é mais apreciada
por quem sai de uma grave enfermidade,
do que por quem nunca esteve doente."*

(Cícero)

11. Diarreias constantes: "estou me esvaindo!"

Estudos a respeito das energias que fluem pelo corpo humano, da interação entre espírito–mente–corpo, apontam para uma série de conhecimentos muito importantes para viver em estado de saúde.

Sabe-se, por exemplo, que *os pensamentos atuam na cabeça* e, energeticamente falando, podem deixá-la bem, aliviada e tranquila, porque o chacra mental está em perfeito equilíbrio. Do contrário, constantes pensamentos de medo, ansiedade, preocupação, inveja, vingança, estresse podem deixar sua cabeça pesada, doída e cheia de pressão.

Por sua vez, *os sentimentos se manifestam no peito*. Saudade, mágoas, tristezas... afetam o chacra cardíaco e instala-se um sufoco no peito, uma angústia que aperta e inquieta sempre mais. Uma desagradável sensação toma conta da pessoa, fazendo-a pensar que algo não está bem com seu coração. Descobre depois, através do médico, que o coração físico está perfeitamente normal. Apenas o "outro coração", o psíquico, este sim precisa ser curado.

E as emoções? Elas são mais intensas, rápidas, avassaladoras. *As emoções agem diretamente sobre o plexo solar*, ou seja, *o estômago*. Toda a área *gastrointestinal* é atingida. Muitas das chamadas "dores de barriga", enjoos, ânsias de vômito, mal-estares, diarreias eventuais ou crônicas, tudo está sob o domínio direto de nossas emoções.

Kelin demorou para entender e aceitar isso. Vivia à base de medicamentos para regular sua flora intestinal, para combater suas diarreias, obtendo melhoras superficiais e passageiras.

Emocionalmente descontrolada, cheia de altos e baixos, sentia-se vítima das injustiças alheias, insatisfeita com tudo e com todos. Reclamava constantemente da vida e da sorte que, a seu ver, a abandonara por completo. Irritava-se com muita facilidade por pequenas coisas, explodindo em raiva ou fechando-se em atitude depressiva, como quem não quisesse mais viver.

Era sagrado: a diarreia não tardava em aparecer. "É como se eu estivesse me esvaindo", dizia ela, sentindo-se fraca e desanimada. E ela estava certa: *a energia vital se esvai com a diarreia crônica.* Perdem-se gradativamente as forças e o físico se debilita. Diferentemente de uma eventual diarreia que até pode ser benéfica para o organismo purificar-se de toxinas, a diarreia crônica impede que os nutrientes dos alimentos sejam absorvidos pelo corpo. Assim, outras doenças podem se manifestar em decorrência da falta de vitalidade do organismo, com o sistema imunológico enfraquecido pela perda de nutrientes necessários à saúde.

Kelin trabalhou profundamente seu emocional.

Acompanhamento médico, terapia, mentalizações diárias, tudo contribuiu para recuperar o controle de suas emoções. Quando isso ainda não acontecia, tentava *administrar* seu lado emocional com mais equilíbrio, libertando-se das sensações indesejáveis que antes a atormentavam durante dias.

As crises de diarreia foram diminuindo e hoje se sente curada, em paz com seu estômago, em paz com seus intestinos, mais tranquila e serena, mais amorosa e compreensiva, uma nova Kelin.

12. Tenho medo:
meu coração dispara

Nascemos com fortes polaridades agindo em nós: o *medo* e o *amor* são nossos parceiros inseparáveis.

O medo nos amarra, paralisa e retrai. O amor nos liberta, impulsiona e anima.

Um vê problemas; o outro, soluções. Um se esconde e se queixa da vida; o outro se manifesta e gosta de viver.

À medida que nos inserimos mais em uma ou outra polaridade, nossa vida adquire o colorido que a cada uma é próprio. Cores tristes e sombrias para o medo; alegres e vivas para o amor. Frustrações e fracassos para quem vive atrelado ao medo paralisante; realizações e sucessos para quem se orienta pelo amor corajoso. Assim é, e assim será: é escolha sua a quem você mais se dedica. São como os dois lados da medalha. Enquanto você presta atenção a uma e a ela se apega, a outra não aparece. Se a sua opção é viver na polaridade do amor, o medo aos poucos silencia. Você o domina, porque a força do amor tudo vence. Dele fazem parte a fé e a esperança, formando as três virtudes fundamentais que tudo superam.

Laurêncio tivera uma infância complicada. Pai pessimista, negativo e autoritário. Em tudo via perigo, e a proibição era o que mais vigorava em suas admoestações. Cuidar-se, cuidar-se e, mais uma vez, CUIDAR-SE.

Havia um possível desastre em tudo que ele pudesse empreender, uma ameaça velada em cada sonho que quisesse realizar.

Diante dos menores obstáculos, recuava ou fugia. Enfrentar, superar, vencer... estes verbos lhe eram pouco familiares.

Frequentemente ficava em pânico porque *seu coração disparava* diante do menor alerta de perigo. O medo se apossava dele de forma tão violenta que presumia ter um ataque cardíaco. "Como se o coração quisesse sair pela boca", dizia angustiado. "Taquicardia", diagnosticou o médico. "Nada de tão grave. Seu coração é saudável. É meramente emocional. São efeitos do medo."

Laurêncio, porém, não se conformava com as explicações do médico. Procurou um cardiologista famoso e ouviu dele o mesmo diagnóstico: "Você não tem nada no coração. Você sofre da *síndrome do pânico*. Nada mais".

Demorou a aceitar que os sintomas que o afligiam eram de origem mental. Tinha falta de ar, as mãos suavam e a nítida impressão de que algo de muito ruim estava prestes a acontecer. Ficava ofegante, fora de si, com medo de perder completamente o controle sobre seus atos.

Somente após meses de terapia cognitivo-comportamental, cursos de mentalização, leitura de inúmeros livros de desenvolvimento humano, Laurêncio começou a dar sinais de melhora.

Passou a fazer uso da medicina natural, para os momentos em que alguma crise de estresse ou ansiedade o surpreendesse.

Aos poucos foi vencendo.

A *coragem*, que brota da polaridade positiva do amor, pouco a pouco foi norteando sua vida.

Seu coração pulsava tranquilo, sem sobressaltos. Sentia prazer em participar da sociedade, prosperando em seus empreendimentos financeiros.

Tudo fora muito difícil. Superar seus medos tornara-se o grande desafio. Mas, aos poucos, viver deixara de ser perigoso. Finalmente descobrira a felicidade de *viver* de maneira plena.

13. Os miomas do meu útero

Luiza vivia de médico em médico. Sempre havia uma doença a incomodá-la. Como se ela toda, corpo e alma, fosse enferma. Não tinha recordações de uma época verdadeiramente saudável. Sentia-se frustrada como mãe, como esposa, desencantada consigo mesma como mulher. Casara porque "todo mundo tem que casar um dia". Não tinha clareza nem consciência de sua missão. Chegava, às vezes, a lamentar-se, invejando secretamente os homens com quem convivia: "Ser homem certamente é mais fácil...".

Amava o marido e os filhos? Amava... Sentia-se amada por eles? Sim...

Mesmo assim, tudo para ela era meio sem vida, sem muito colorido, sem graça.

E para completar sua ladainha de males e sofrimentos, Luiza descobrira num exame de rotina que estava com miomas no útero. O médico prescreveu-lhe um longo e rigoroso tratamento. Caso não resolvesse, a cirurgia seria a única solução: retirada total do útero. Isso, de alguma forma, a assustava muito. Nem ela sabia por quê. Algumas conhecidas já haviam passado por isso, mas, para ela, a ideia lhe soava como mutilação.

Miomas, por que miomas? O que significariam eles? Sintomas de quê? Expressões somáticas de suas frustrações, sinais concretos de suas decepções afetivas, não aceitação do seu corpo de mulher?

A vida estava lhe enviando um bilhete de alerta. Quantos ela recebera até hoje? Quantos ela, de fato, entendera?

Vivia apática, alienada, vegetando muito mais que vivendo. Era levada pela vida, em vez de construir sua própria história. Nunca se questionava sobre nada.

De uns tempos para cá, porém, algo começou a mudar em seu íntimo. Ela mesma estranhava o que estava acontecendo. Rezava mais. Crescera na fé. Ansiava por uma vida nova, diferente. Vida em que a saúde e o otimismo predominassem.

Seria o *dedo de Deus* que se manifestava, falando-lhe através de seus miomas?

Não estaria na hora de fazer as pazes consigo mesma, de "perdoar-se" por ser mulher, de viver plenamente, assumindo sua feminilidade?

Luiza estava vivendo um momento especial, um momento de bênção. Sua mente se abrira à voz do espírito e, pela primeira vez, estava disposta a ouvir sua voz interior.

Então, juntamente com o tratamento médico, iniciou um longo e poderoso Programa Espiritual de sessenta e três dias, como se fossem sete novenas ou nove semanas de intensa oração. Uma amiga insistira tanto que, finalmente, aceitou a sugestão da reza e da mentalização diária. Lia e meditava os Evangelhos, participava de sua comunidade de fé e uma força misteriosa começou a manifestar-se nela. Visualizava diariamente, esperançosa, seus miomas diminuindo, diminuindo... Persistia nessa crença, cheia de expectativa, agradecendo antecipadamente a Deus, de todo o coração, pela graça da saúde.

Tudo que pedires a Deus em oração,
crendo que já o tendes alcançado,
alcançareis (Mc 11,24).

E a situação começou a mudar. Para profunda alegria sua, os miomas pararam de crescer e foi afastada a possibilidade imediata de cirurgia.

Luiza renasceu. Sua autoestima floriu nas expressões alegres de seu rosto, no brilho contagiante de seus olhos. Descobrira, enfim, que *viver era bom*, que era *uma dádiva* de Deus ser mulher.

Ela continua fazendo acompanhamento médico regularmente, mas vive de modo saudável, em estado de graça. Feliz por ser quem é: *esposa, mãe, mulher.*

*"Em geral, nove décimos de nossa felicidade
se fundam na saúde."*

(Focílides)

14. Tenho um nó na garganta

Em minha experiência terapêutica, encontrei inúmeras pessoas com o mesmo problema de Bete. Ela já havia percorrido diversos consultórios médicos, fizera os mais sofisticados exames e a resposta era sempre a mesma: "Você não tem nada na garganta".

"Como não tenho 'nada' na garganta, se diariamente ela me dói? Não é possível que essa dor venha do nada... O que está provocando esse triste desconforto, fazendo com que eu seja ironizada por tantos que me jogam na cara: 'Isso é coisa da sua cabeça! É pura imaginação!'."

Bete ficava furiosa ao pensar no que lhe diziam. Não conseguia entender, de forma alguma, que essa dor pudesse ser psicossomática. A bem da verdade, nem sabia ao certo o que significava "psicossomática"... Era inaceitável não haver algum especialista que pudesse desvendar a origem desse nó que lhe apertava a garganta. A sensação era estranha: como se algo estivesse trancado em sua garganta e, por mais que se esforçasse para engolir, o caroço continuava ali, preso.

Foi o desespero que a trouxe ao meu consultório. Estava cansada de tanto procurar em vão. Queria, a todo custo, encontrar uma solução definitiva para o caso. Aceitou fazer terapia e seguir a risca todas as recomendações psicológicas que lhe seriam úteis, dentro do quadro psicossomático que apresentava. E sua grande surpresa foi descobrir, ao longo da terapia, que eram mágoas, *profundas mágoas* contra seu pai que lhe trancavam a garganta.

"Não consigo 'engolir' as atitudes dele. O jeito dele 'não me desce'. Os desaforos que ele me disse estão 'presos na garganta'." Linguagem corporal comprometedora!

No seu parco entendimento, não tinha nada a ver... Só mais tarde, no transcorrer das sessões, a luz começou a brilhar. Aos poucos teve o entendimento necessário para abrir-se ao perdão e acolher seu pai, alcoólatra e violento.

Os dois, que viviam afastados, acabaram se reencontrando. Redimiram-se. Até mesmo a bebida tornou-se desnecessária para o velho pai. Sabia, agora, que sua filha o amava e, mesmo sóbrio, sentia-se muito mais feliz.

Bete rejuvenesceu. Libertou-se do fardo de suas mágoas, conseguindo finalmente desfazer aquele "nó na garganta".

Mudou sua linguagem psicossomática negativa e aprendeu cuidados especiais com seus desejos e palavras: "O inconsciente não reflete, não distingue o real do imaginário, não questiona... é um poderoso executor e pode interpretar equivocadamente certas afirmações". De tanto repetir, as palavras do terapeuta foram lentamente adquirindo sentido e ela monitorava tudo o que dizia. Com muita persistência, os resultados começaram a surgir.

Sua vida familiar mudou profundamente. Como se o sol da primavera a iluminasse, ela floresceu feliz. Sentia-se aliviada e, enfim, livre!

15. Ai! Que sufoco no peito!

Uma das queixas mais frequentes que ouço em meu gabinete de terapia é de pessoas – de todas as idades – reclamando de *sufoco no peito*. A grande maioria vive preocupada com a possibilidade de ser um problema cardíaco, mesmo que se tenham consultado com médicos e obtido a garantia de que não há nada errado com o coração. Num caso ou noutro, quando muito, eram os nervos da caixa torácica que estavam tensos e, consequentemente, produziam desconforto muscular. O *medo,* porém, fazia com que corressem seguidamente ao consultório médico para ouvir de novo o mesmo diagnóstico: "Seu coração está ótimo. Isso é meramente de fundo emocional ou nervoso".

Carlos era uma dessas pessoas. Vivia com sufoco no peito, aflito e angustiado. Era jovem e seus namoros nunca davam certo. Não conseguia amar alguém profundamente, nem permitia que alguém o amasse assim. Desconfiava de todos. Se alguém lhe declarasse seu amor, com certeza não se acharia merecedor dele. Um inconsciente sentimento de culpa lhe usurpava toda e qualquer capacidade de julgar-se digno de ser amado, como certas mulheres diziam amá-lo. Tinha medo de intimidade, medo de entregar--se. E, como não conseguia corresponder ao amor de ninguém, frustrava-se profundamente.

Semanas ou meses convivia com sentimento de tristeza, decepção e amargura, criando um estado de espírito depressivo e de completo desalento. Os sintomas que mais o afligiam eram falta de apetite e sufoco no peito. Alimentava-se mal, emagrecendo, por vezes, a olhos vistos. Seu desconforto no peito o incomodava e ele não supunha que houvesse uma relação emocional ligada ao fato. Era tão grande sua frustração, que pouco lhe importava procurar uma resposta para amenizar seu mal-estar. Sentia falta de ar, tanto era o aperto que certos dias o sufocava. E o medo de que fosse algo pior, mais grave e preocupante, perseguia-o dia e noite.

Levado por sua mãe, aceitou tratar-se com um terapeuta. No transcorrer do tempo, pouco a pouco foi entendendo que os sentimentos que alimentava eram diretamente responsáveis pelo seu sufoco no peito. Emocionalmente descontrolado, só podia dar nisso. Seu corpo registrava tudo que se passava em sua psique. Até mesmo sua alma sofria com as dores que o corpo amargava.

"Tem de aprender a criar *a consciência do agora*", dizia-lhe o terapeuta. "Viver *aqui e agora,* atento e consciente ao momento presente, observando de perto seus sentimentos, procurando interpretar sob nova ótica os fatos que lhe sucedem."

Foi exatamente isso que Carlos dispôs-se a fazer. E com sucesso.

Começou a sentir-se aliviado, mais disposto, com a autoestima em alta, pela primeira vez amando e sendo amado.

Conheceu o sabor de dias alegres, diferentes, superando eventuais desalentos, respirando ares novos, emocionalmente despoluídos. Decididamente, *feliz da vida.*

16. Meu fígado reclama...

Jonas era extremamente rancoroso. Carregava uma explosão permanente de raiva dentro dele. Como se quisesse brigar com todos. Raiva de si mesmo. Raiva do mundo. Raiva da vida: de ter nascido. Constantemente ele dizia: "Tenho ódio de tudo. Nem eu sei por quê... Tudo me incomoda. Revolto-me com as mínimas coisas. Vivo explodindo".

E seu fígado também explodia. Queixava-se constantemente de dor, sentia-se estufado, desconfortável. E isso o deixava mais irritado ainda, piorando a situação: "Não me aguento mais! Que raiva!".

Em várias oportunidades procurara ajuda médica. Conseguia algum alívio passageiro, mas tudo voltava ao problema de sempre: fígado intoxicado com seus excessos de impaciência. Aliás, *excessos* caracterizavam Jonas: de bebida, de gordura (era demasiadamente obeso), de comida apimentada, de farra, sexo e orgias...

Era simplesmente descontrolado em tudo. Queria sempre mais. Nada o contentava. Suas raivas e frustrações com a vida tinham tudo a ver com sua estranha voracidade: seus sonhos eram extremamente utópicos. Realizá-los era uma façanha praticamente impossível. Teimava, porém, em desafiar seus limites. E a prostração, depois, era total. Frustrava-se profundamente. Sua energia, de repente, evaporava. Sem vontade para nada, sentia-se desanimado, sem alento para qualquer desafio.

A raiva, então, o consumia.

Mordia-se por dentro. Sua cabeça zunia, seus músculos doíam e seu fígado reclamava. Era "um verdadeiro inferno", como ele mesmo definia sua situação. Um fogo interno o consumia. Seu fígado sofria, sobrecarregado: era combustão demais. Impossível queimar tanta raiva...

Jonas estava decidido a enfrentar um grande desafio: fazer terapia. Não tinha muita fé em tratamentos alternativos que, a princípio, lhe pareciam "leves" demais para a "pesada carga" que desejava descarregar. Tinha de descobrir o porquê de tanta insatisfação, de tanto ódio que o corroía.

Um cardiologista já o advertira: "Cuidado com um infarto. Não tem coração que aguente. Muito menos fígado que resista...".

Estava mais que na hora de mudar. Sua esposa decidira separar-se dele e os filhos viviam "pelos cantos", encolhendo-se de medo do pai.

Jonas, por vezes, sentia vergonha de si mesmo. Não gostava de ser assim, ainda mais ao entender quanto mal causava a si mesmo, quanto sua saúde era prejudicada por seus arroubos de ira.

Árdua tarefa! Paciência e mão firme eram indispensáveis para dobrar tanta resistência. Tudo era visto como agressão, motivo para mais brigas, até mesmo com o terapeuta.

Prosseguindo com o acompanhamento, surgiu o momento em que Jonas se deparou com questionamentos espirituais, a que era pouco afeito.

Uma profunda *terapia de perdão*, ampla, total, "até as raízes da alma", como o terapeuta sugeria, foi o grande passo para a cura. Meses e anos de autoaperfeiçoamento transformaram Jonas num homem novo. Um extraordinário processo de superação, um longo caminho de cura interior.

Como o profeta homônimo do relato bíblico, a "baleia" de seus ódios o engolira, mas Deus lhe permitiu "outra praia", onde moravam *sentimentos de amor* pouco familiares para ele, mas agora *intensamente desejados*; a nova praia para a saúde de seu fígado.

*"E a oração da fé
salvará o enfermo."*

(Tg 5,15)

17. Dores musculares:
a tensão nervosa agredindo o corpo

Leandro peregrinava de médico em médico, de massagista a massoterapeuta, de benzedeira a pai de santo, procurando ansiosamente um alívio para suas dores musculares. Era a nuca que doía, eram os ombros, o peito, as costas...

Sentia-se extremamente desconfortável. Um cansaço profundo percorria-lhe o corpo todo, deixando-o prostrado e sem alento. Como se as energias tivessem simplesmente evaporado.

Um médico lhe dissera que eram indícios de depressão e lhe prescrevera um remédio. As dores, porém, persistiam.

Vasculhou seus livros, pesquisou na internet e convenceu-se de que seus males eram "psicossomáticos". Grande passo!

Conversou com amigos, inscreveu-se num curso sobre as leis da mente e descobriu que sua *ansiedade* era a vilã número um dessa situação. *Tensão nervosa constante*, sem clima algum de relaxamento, sem paz de espírito, sem momentos de serenidade... a lista seria interminável, se quiséssemos estendê-la.

Mas Leandro queria curar-se.

Um delicado e árduo *caminho de superação* o aguardava. Sabia, porém, do *poder* que possuía *dentro de si.* O tesouro escondido estava muito perto: ao alcance das mãos.

Até aquele momento buscara propostas *fora de si.* Nas mãos do massoterapeuta encontrara alívios momentâneos, preciosos, mas fugazes. Nos remédios prescritos pelo médico, melhoras transitórias. Nos raros minutos de *relax* que se permitia, uma gostosa paz invadia seu corpo. Nada, porém, que durasse. Nada que resolvesse de modo mais radical seu mal-estar.

Novas luzes faziam-se necessárias. Mais profundas. Mais gratificantes.

Sua *alma* desejava unir-se à *mente* para que ambas conseguissem o resultado desejado.

Seu *corpo* era a expressão dolorida de tudo que em seu íntimo acontecia. E lá residiam inquietações, medos, inseguranças, uma tensão nervosa que beirava à neurose. Ele mesmo, aliás, classificava-se de neurótico, outras vezes de paranoico, porque tamanha era a *desconfiança* perante a vida que se transformava em mania persecutória: tudo e todos eram contra ele.

Difícil foi fazê-lo entender que *a vida é como nós a vemos, como nós a interpretamos*. Que o mais importante é a percepção, a leitura que fazemos dos fatos, nossas crenças, frustrações e aprendizados, que determinam essa visão negativa que altera nosso quadro emocional.

Foram meses de terapia, de exercícios de relaxamento, de prática de ioga, de técnicas de meditação, até que Leandro experimentou os primeiros resultados auspiciosos. Seu corpo reagia favoravelmente e seu desconforto diminuía a olhos vistos. As dores musculares abandonaram-no gradativamente, até poder festejar seu permanente estado de saúde. Agora, sim, era gostoso viver! Sentia-se leve, descontraído.

Sabia perfeitamente o quanto lhe custara viver em estado mental de serenidade interior. Valia a pena tanto esforço para ter saúde. Só ele sabia como era bom, gratificante e renovador viver!

18. Herpes vaginal: um terrível desconforto

Rosana era casada com um alto executivo, homem afeito a muitas viagens e longas ausências do lar. Reuniões de negócios ocupavam sua agenda e priorizavam seu tempo e suas opções. Tinham um filho, Patrick, de 5 anos, que em grande parte preenchia para Rosana a distância que separava o casal. Advogada bem-sucedida, sentia seus sentimentos afetivos esfriarem à medida que as ausências do esposo aumentavam.

No início, sentia saudade. Agora, alívio.

Uma estranha sensação de liberdade, da qual se sentia podada quando o marido estava em casa. Implicava facilmente com ela por pequenas coisas e não tinha paciência alguma com Patrick. Impedia-o de ser criança: tinha que ser tudo perfeito, como o executivo perfeito que ele era.

Com o tempo, Rosana se afastava sempre mais do companheiro. Já não sentia aquela atração característica dos primeiros tempos, nem prazer em sua companhia. Como se a "química" entre os dois houvesse terminado. Não fosse, porém, algo mais desagradável que estava ocorrendo, ainda seria suportável. *Sempre que o marido retornava de viagem* – ele a avisava com dias de antecedência, dizendo sentir falta dela –, Rosana percebia que um desconfortável herpes vaginal se manifestava nela. Este, pelo menos, fora o diagnóstico de sua ginecologista.

Rosana percebeu que o herpes tinha relação direta com o retorno do seu "executivo". Se por um lado ficava constrangida com sua desconfortável situação, sentia, ao mesmo tempo, certo alívio em poder desculpar-se por evitá-lo no leito matrimonial.

"Sentimento inconsciente de culpa. Armadilha ou manobra das forças inconscientes para protegê-la de relações indesejadas. Obstrução do prazer, proibido pela falta de amor que alimentava pelo esposo."... Estas e outras eram reflexões do seu terapeuta, querendo que ela se questionasse para descobrir o caminho da cura.

Com absoluta clareza, Rosana conseguia fazer a ligação entre a *manifestação do herpes e a volta do marido*. Nenhuma dúvida. Era visível, transparente. Tanto mais, após uma surpresa preparada por ele, inconformado com a situação. Chegou, de repente, à tardinha, sem avisar. Encontrou-a saudável e em perfeitas condições, o que para ele foi fantástico, mas, para ela, constrangedor.

Desnecessário dizer que a cura parcial ocorreria à medida que Rosana recuperasse seu afeto pelo marido e a química aflorasse de novo em seu corpo.

Pensara várias vezes em separar-se. Seria "meia solução", pois em novo casamento poderia passar por outro desgaste amoroso e sua doença retornaria.

Decidiu ir a fundo, tratar-se até as últimas consequências que este transtorno acarretava. Submeteu-se à terapia de casais pela qual o próprio marido esperava e, enfim, procurou superar mágoas, incrementar o relacionamento amoroso. Também conseguiu que o marido viajasse menos e voltaram, literalmente, a namorar de novo.

Fundamental foi também a ajuda de sua ginecologista. Com o tempo, a incidência do herpes diminuiu consideravelmente e a superação mais espetacular – para alegria e surpresa de ambas – aconteceu. A doença, que era cíclica, recuou a ponto de desaparecer completamente. Rosana enfrentara corajosamente suas sombras, seu superego repressivo, suas mágoas afetivas e, pouco a pouco, abrira-se novamente ao prazer.

Abrira-se também para Deus: sua alma recobrou as "asas de águia" que a levariam a voos mais altos, ao milagre do amor.

Um casal harmonioso, com um filho saudável, e tempos novos para todos começaram a brilhar.

Rosana trilhava o *caminho da superação*. De bem consigo, com o marido, com o filho, com Deus... Enfim, feliz.

19. Acho que estou depressivo

Pode parecer estranho afirmar que "a escolha é nossa", em se tratando de doença ou saúde. Indo às últimas consequências de nossos atos, consciente ou inconscientemente, *a escolha sempre é nossa*. Como a *inconsciência* predomina em nossos hábitos e atitudes diárias, não nos damos conta da responsabilidade que carregamos em cada desejo, em cada palavra, em cada comportamento nosso.

Os fatos cotidianos nos atingem muito. Interpretamos, facilmente, tudo de forma negativa. Não vemos saída. Sentimos que o mundo pesa em nossas costas e acreditamos que nada mais vale à pena. Desolados, desanimamos.

Dia e noite nossos pensamentos giram ao redor do mesmo assunto. Não pensamos em outra coisa. A *traição* que sofremos foi dura demais. A *perda* do ente querido, que tanto amávamos, nos prostra em lágrimas e dor. A *injustiça* que um familiar cometeu contra nós, abala nossa estrutura emocional. Os *filhos adolescentes* que aprontam e azucrinam a paciência. O *ambiente* de casa e do trabalho está insuportável. Nunca a *situação financeira* esteve tão mal. Assim não dá mais...

Em nossa dor, esquecemos que "os fatos são neutros". Atingem-nos na medida em que permitimos que nos atinjam. Não são os fatos o que há de mais importante na vida: é a *interpretação* que damos a eles que é decisiva para o nosso estado de espírito. O que é "sorte" na avaliação de alguns, é "azar" na opinião dos outros. O que é "desafio" para o otimista, é "problema" para o pessimista.

A vida é como nós a vemos, como a sentimos, como a interpretamos.

Se para uns ela é *oportunidade* de crescimento, para outros é *empecilho* que tudo atrapalha.

Marcos, 68 anos, pai de sete filhos, casado pela segunda vez, não conseguia admitir que a esposa com que convivia há mais de vinte anos – muito mais jovem que ele – não sentia mais atração nem encanto afetivo e sexual como antes. Estava profundamente desiludido e magoado, passando noites em claro, perdendo o apetite e a vontade de viver. Seu pensamento, dia e noite, girava em torno do mesmo tema: *não se sentir mais amado por sua companheira.*

"Acho que estou depressivo", disse ele ao médico. "Nunca me senti tão mal como agora. Preciso de sua ajuda."

Homem afeito aos embates da vida, forjado no trabalho do campo, acostumado a encontrar soluções e superar problemas, acolhendo sugestões de amigos, Marcos propôs a sua esposa que fizessem terapia de casal, antes que a depressão o prostrasse totalmente.

Meio ano de busca terapêutica, de diálogo sincero com sua esposa, da boa vontade de ambos, e a luz começou a brilhar de novo. Pouco a pouco o amor renasceu no coração de Elvira, cativada novamente pela ternura que Marcos sempre lhe demonstrara.

E Marcos renasceu também.

Seus olhos se encheram de brilho e seus dias recobraram a alegria de amar e ser amado.

"A química do amor" substitui a química dos remédios antidepressivos. Marcos sentia-se feliz, curado. Ambos, *apaixonados pela vida.*

> *"Um corpo saudável
> é um quarto de hóspedes para a alma;
> O corpo doente é como uma prisão."*
>
> (Francis Bacon)

20. E cirurgia plástica, resolve?

Quantas pessoas você conhece que fizeram cirurgia plástica e continuam insatisfeitas?

Joana era uma dessas. Mulher de família abastada, vaidosa, detalhista (daquelas de ver defeito em tudo), mesmo após várias cirurgias plásticas persistia em reclamar do seu corpo. Se por algum tempo aparentava estar feliz, não demorava em voltar com as mesmas reclamações de sempre. Nariz largo demais, orelhas desajeitadas, as faces do rosto desiguais (como se de fato assim não o fosse!), algo sempre a incomodava. Sem falar, é claro, dos gastos com esteticistas faciais, corporais, cremes antirrugas, anticelulite e tantas outras "especialidades cosméticas" que o mundo de consumo oferece para disfarçar os males de uma autoestima negativa.

Joana via apenas corpo, silhuetas, cabelos, pernas, bronzeado... Sem falar nos armários abarrotados de roupas, das mais caras e sofisticadas que a moda internacional proporciona aos que têm dinheiro. Nada disso, porém, a contentava. Queria mais, ser diferente, exclusiva, para que o ego pudesse ostentar toda sua vaidade nas passarelas da alta sociedade.

Quando viria o tempo em que Joana perceberia o vazio e a futilidade disso tudo?

Quando começaria a compreender que era sua *alma* que estava em desarmonia? Que suas constantes insatisfações eram sua *voz interior* querendo alertá-la da inutilidade, do exagero, do sem-sentido de suas buscas meramente estéticas?

Joana, porém, nada disso compreendia. Estava longe de querer ocupar-se de coisas espirituais, que pouco lhe importavam, tendo aparentemente tudo o que queria. E se alguém mais íntimo a questionasse a respeito de tantos gastos e ostentações, dando-lhe a entender que algo mais profundo estava em jogo, sua reação era imediata. Não sentia vontade alguma de discutir questões psicológicas ou saber se Deus – onde estaria ele? – tinha algo a ver com isso.

Um dia, porém, sua vida tomaria outro rumo. Num acidente de automóvel, em que vira sua melhor amiga morrer, algo estranho e misterioso sucedera com ela: "E se fosse *eu* que tivesse morrido? Como entender que fui milagrosamente preservada, sem arranhão algum, enquanto minha amiga teve morte instantânea? A vida seria isso, apenas aparências que sempre vivi? Haverá um sentido maior, transcendente, espiritual, ou Deus seria uma invenção de nossa limitação humana?".

Joana começou a ter novas percepções da realidade.

Pela primeira vez olhou seu corpo com os olhos de Deus: assim como a bondade do Criador e a natureza a fizeram. Bonita, elegante, simpática. Descobriu finalmente que, mesmo sem tantas plásticas, sempre fora especial. Todos achavam, menos ela. Percebeu também que os cuidados com sua alma eram indispensáveis para sua felicidade. Poderia "ter tudo, como se nada tivesse", dissera-lhe um místico, num encontro de busca espiritual. "Quando a alma está em paz, até uma eventual cirurgia plástica pode aumentar a alegria de viver. Com a ausência da alma, plástica alguma resolve."

E foi Joana mesma quem concluiu: "Agora tem sentido cuidar do corpo. Meu espírito vibra em mim, como jamais vibrou. Estou, sim, *de bem com a vida*".

Rua Dona Inácia Uchoa, 62
04110-020 – São Paulo – SP (Brasil)
Tel.: (11) 2125-3500
http://www.paulinas.com.br – editora@paulinas.com.br
Telemarketing e SAC: 0800-7010081